AF468847

DE LA
POLICE POLITIQUE.

IMPRIMERIE DE PIHAN DELAFOREST (MORINVAL),
Rue des Bons-Enfans, N°. 34.

DE LA

POLICE POLITIQUE,

Par A. L. P. PÉRARDEL,

CHEVALIER DE LA LÉGION-D'HONNEUR.

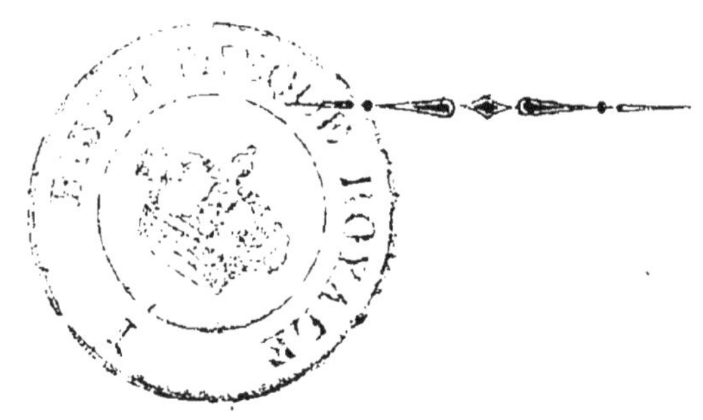

PARIS.

CHEZ MADAME GOULLET, LIBRAIRE,

PALAIS-ROYAL, GALERIE D'ORLÉANS.

1835.

DE LA POLICE POLITIQUE.

Je n'écris pas sous l'influence des tourmens que j'ai endurés, ou d'une haine personnelle contre le gouvernement, mais bien dans un but d'intérêt général; pour éclairer mes compatriotes, et leur dévoiler l'immoralité de la police dans les affaires politiques; mettant de côté tout ce qui peut se rattacher à la vie privée que je sais toujours respecter, je ne parlerai des hommes que comme hommes politiques, dont il m'appartient de discuter et censurer les actes publics. C'est sur des faits que je m'expliquerai avec toute la franchise d'un ancien soldat de *Napoléon le véritablement Grand*; et ces faits seront appuyés d'irrécusables témoignages. Puissent-ils, au moment où la Cour des Pairs est appelée à juger le procès dont la France gémit, et qui jette partout tant d'inquiétudes, éclairer la conscience des juges appelés à prononcer.

Tous les citoyens un peu influens, ou dont le caractère noble et généreux se soulève aux démonstrations hostiles du gouvernement constitutionnel contre nos libertés, ont été constamment en butte aux investigations d'une police aussi ombrageuse qu'immorale.

Quel est l'homme qui a pu se préserver de ses atteintes ? quel est le citoyen qui puisse dire : « Je ne serai pas la victime soit du caprice, soit de la vengeance d'un *agent secret?* » Innocent, j'ai subi, pendant quatre mois, une détention aussi arbitraire que révoltante, aussi vexatoire que contraire à nos mœurs constitutionnelles ; j'ai été soumis, pendant quinze jours, au secret le plus rigoureux, parce que la police voulait faire de moi un chef de complot.

En se reportant à l'organe de ses pensées, au journal *la France Nouvelle* du 30 juillet 1833, ne paraîtrait-il pas évident, aux yeux de tous, qu'à la tête d'un parti considérable de révoltés, j'avais voulu renverser un gouvernement établi ? Cependant les faits, constatés par une instruction de quatre mois, ont prouvé mon innocence et m'ont fait mettre en liberté : mais quels dédommagemens m'a-t-on offerts pour tous les maux que j'ai endurés, pour le préjudice qui m'a été causé, pour l'affreuse torture du cachot ? aucuns. Ma réputation, mon avenir, ma modeste fortune, mes espérances, tout a été compromis, perdu, anéanti. Et, aujourd'hui encore, de viles et basses calomnies, répandues par la police, planent sur moi.

Certes, comme tous les hommes éclairés, je suis loin de considérer le gouvernement actuel comme dégagé des obligations qu'il avait contractées ; la démoralisation et l'égoïsme ont tout perverti. A côté de quelques actes honorables, arrachés à nos hommes d'État, combien d'actes justement improuvés par l'opinion publique !

Mais il y a loin d'une polémique raisonnée à une guerre civile que tout honnête homme doit regarder comme le plus grand des fléaux. Bon Français, ami de mon pays, c'est toujours avec douleur que j'ai vu se renouveler ces émeutes soldées, qui n'ont jamais abouti qu'à augmenter nos budgets, à restreindre le peu de liberté dont nous jouissions, à créer des sinécures, à prodiguer indignement l'étoile des braves, ce signe de l'honneur, et souvent à jeter des familles entières dans le deuil et la désolation, résultats immanquables de tout mouvement populaire.

Je ne parlerai ici que de la police politique, toujours provocatrice dans les émeutes qui ont été suscitées, car l'autre est confiée à des hommes, rebut de la société, qui, vivant au milieu de ceux qu'ils arrêtent, souvent complices eux-mêmes, par cela même restent ignorés de tout homme qui n'a point connu les bagnes.

La police politique n'agit ni dans l'intérêt du trône, ni, par conséquent, dans l'intérêt de l'État, mais toujours dans le but de faire croire à son indispensable nécessité. Ayant l'art de jeter des inquiétudes parmi les citoyens paisibles qui redoutent par-dessus tout les bouleversemens, elle veut épouvanter le trône par des conspirations tramées par elle; à l'aide d'infâmes provocations, elle cherche à égarer les têtes exaltées, afin de donner à ses rêves de chaque jour, à ses odieuses manœuvres, l'apparence d'une réalité. Aussi faut-il, à tout prix, quelque catastrophe qui l'autorise à réclamer des Chambres les énormes subsides dont elle dispose ensuite à son gré.

A l'appui de ce que j'avance, ce sont des faits que je vais rapporter, et des faits qui ne seront pas démentis; car ils peuvent être prouvés.

A l'époque de l'affaire de la rue des Prouvaires, le 2 février 1832, j'habitais la rue des Trois-Couronnes; j'employais trois cents ouvriers à la fabrication de fusils pour MM. Saint-Quentin et Comp[e]., qui avaient, avec le ministère de la guerre, un marché important.

Depuis le 26 janvier, deux chefs-ouvriers répandaient ouvertement de l'argent parmi les ouvriers; soldaient leurs comptes chez les aubergistes; une conspiration s'ourdissait publiquement sous les yeux de la police, qui, si elle n'eût pas provoqué de pareilles manœuvres, aurait bien mal rempli la mission qui lui est confiée. Je dis sous les yeux de la police et par son inspiration, car M. le commissaire de police Haymonet m'a dit, devant plus de dix témoins, que sur six hommes réunis, deux appartenaient à la police: c'est presque le mot de Fouché. Le jour bien fixé, les intentions bien positives, et répandues parmi six cents personnes, la distribution d'argent fut plus considérable. Toutes ces manœuvres n'étaient plus un secret dans le quartier; elles avaient lieu ouvertement. J'en fis part à quelques amis, et, entre autres, à plusieurs officiers de la garde nationale, bien connus par leur opinion prononcée en faveur du gouvernement. Ces messieurs en prévinrent immédiatement le colonel de la 5e. légion. Qui pourrait croire, après des faits si ostensibles, que la police ait pu rester tranquille spectatrice de cette réunion d'ouvriers projetée pour la nuit; n'ait rien fait pour la prévenir, pour déjouer ces manœuvres, pour faire avorter le complot, si elle n'avait été de la partie comme instrument provocateur.

Prévenu de ce qui devait arriver, j'étais sur mes gardes, et j'attendais les ouvriers qui devaient se présenter en masse à la porte de mon établissement pour réclamer des armes. Ils se présentèrent en effet; mais, en leur faisant sentir qu'ils étaient dupes des instigations de la police, je les engageai à se retirer tranquillement chez eux, ce qu'ils firent sans aucune observation. L'arrestation de la rue des Prouvaires eut lieu; et cet épisode bien important de la rue des Trois-Couronnes n'a point figuré au procès; je vais en donner les motifs.

Indigné des provocations de la police, je dévorais avec peine tant d'infamie, et je me décidai à aller trouver le premier ministre, homme probe, bon citoyen, qui, pendant cinq ans, avait été un des chefs de l'opposition. J'avais eu avec lui des rapports d'amitié et d'intérêt ; par mon zèle et mon dévoùment à l'œuvre constitutionnel qui s'établissait, et qui était alors, comme aujourd'hui, mal compris, j'avais contribué, comme éditeur, à assurer son élection en 1823, en réunissant sur lui les suffrages de tous mes amis bien pensans.

Après plusieurs années, je le retrouvai à la tête du gouvernement. Je lui fis demander une entrevue, qu'il m'accorda de suite. Je lui donnai des éclaircissemens sur tout ce qui était à ma connaissance, et je m'indignai que la police, qui avait suscité et soldé cette réunion, voulût rendre un des chefs ouvriers victime d'un pareil guet-à-pens. La chaleur que je mis à défendre ce malheureux, dont le seul tort avait été de se laisser prendre au piége qu'on lui tendait, persuada le premier ministre, et je parvins à le sauver des atteintes de M. Gisquet, dont les agens étaient prêts à se saisir de leur proie. Mais j'étais tranquille : j'avais la parole, non d'un ministre, mais d'un homme d'honneur; aussi ce malheureux ouvrier ne fut-il pas arrêté, au grand déplaisir de messieurs de la police, qui, plus tard, m'ont fait payer bien cruellement le bonheur que j'avais eu de sauver celui qu'ils voulaient arrêter.

Non contens d'avoir prolongé autant qu'ils l'ont pu une prévention longue et rigoureuse dans un procès dont je vais plus bas donner les détails, ils n'ont pas craint de pousser l'infamie jusqu'à faire croire que je pouvais être employé par la police ! comme si d'un mot ils pouvaient avilir à ce point un homme d'honneur! Des malheurs non mérités ont pu m'atteindre, mais du moins je suis toujours resté honnête homme, et je n'ai jamais eu à rougir d'une telle infamie. Lorsque cette police cherchait secrètement à m'avilir, moi, je travaillais à réparer les pertes immenses que j'avais supportées : mes jours et une partie de mes nuits étaient consacrés au travail, et, par mon activité, je voyais enfin un avenir riant succéder à des malheurs contre lesquels mon courage avait lutté pendant cinq ans. Cet avenir, je le devais à moi-même, à mon travail, à mon intelligence, à ma probité reconnue et à la confiance de beaucoup de mes amis.

Le 27 juillet 1833, époque fatale pour moi, jour qui est venu détruire toutes mes espérances d'avenir, réalisa les projets de vengeance conçus contre moi. J'étais, comme je l'ai déjà dit, à la tête d'un établissement important, de MM. Saint-Quentin et Compe., qui fournissait des fusils au ministère de la guerre. Cette circonstance facilita à la police les moyens de m'envelopper dans les machinations qu'elle méditait et que favorisaient et l'isolement du quartier et le genre même de notre fabrication.

Conformément aux ordres émanés du ministère de la guerre et sous la surveillance de la commission d'artillerie, j'avais fait démonter les fusils de manière à ce qu'ils fussent entièrement hors de service. M'étant bien assuré si tout était dans l'état voulu, je sortis fort tranquille, le 27 juillet, à midi ; je ne rentrai chez moi que le soir, vers neuf heures et demie. Dans ma rue, un citoyen respectable me prévint que la police faisait une perquisition dans la maison, et que tout annonçait qu'il se passait quelque chose d'extraordinaire. . . . .

Malgré cet avis, fort de ma conscience, je n'hésitai pas à entrer, et je trouvai M. le commissaire de police établi dans mon bureau et verbalisant. Mon premier mouvement fut l'indignation, en voyant mon domicile nuitamment envahi, violé ; et, dans une discussion qui s'éleva entre nous, quelques expressions vives m'échappèrent, et malgré l'ordre de perquisition, signé Gisquet, qui me fut présenté, je n'en persistai pas moins à regarder cette violation de mon domicile comme un acte absolument arbitraire. Cet ordre cependant avait été donné le matin au commissaire de police : pourquoi n'avait-il été mis à exécution que le soir ? Je l'expliquerai plus bas. Ne reconnaissant à personne le droit d'envahir ainsi mon domicile, je refusai d'une manière très énergique d'ouvrir mes magasins ; pendant ce temps, les agens faisaient, dans d'autres parties de la maison occupées par d'autres locataires, des perquisitions qui, M. le commissaire de police le savait bien, devaient amener des résultats connus d'avance par la police, toujours provocatrice, qui avait, comme je vais le prouver, tendu un nouveau piége à de nouvelles victimes.

Ces agens trouvèrent, dans un étage supérieur au mien (car j'habitais le premier étage), dans une chambre inhabitée, au deuxième, de la poudre, des balles et des moules, qui, à ce qu'ils prétendaient, étaient encore chauds. Grande fut leur joie! comme s'ils n'étaient pas certains d'avance de trouver là ce qu'eux-mêmes peut-être y avaient apporté, vers six ou sept heures du soir, dans un cabriolet désigné dans le procès sous le n°. 928.

Accablé par une pareille découverte, je sentis ma position, et, dès cet instant (il y avait apparence de flagrant délit, et le fond sauve, dans ces cas, la forme), j'obéis alors, et je n'hésitai plus à ouvrir mes magasins, mes ateliers: tout fut mis à la discrétion des agens du commissaire, qui firent les perquisitions les plus rigoureuses, et qui ne trouvèrent que quelques fusils démontés et tout-à-fait hors de service: car il a été constaté au procès que, dans l'état où ils étaient, il fallait au moins trois ou quatre heures pour en monter un, admettant que toutes les pièces fussent prêtes.

Rien n'autorisait donc chez moi la violation de mon domicile, lorsque quatre jeunes élèves de l'École polytechnique, amenés là par des moyens aussi révoltans que honteux pour la police, furent découverts dans un grenier de la maison.

Ces jeunes gens, qui ne respirent que pour la

gloire et le bonheur de notre belle France; ces hommes auxquels on inculque dans le cœur les principes de l'honneur, et dont l'éducation tend à développer le sentiment de la liberté; ces jeunes gens sont toujours prêts à se jeter au-devant de ce qui peut caresser leurs rêves de jeunesse; ils ignorent encore, et l'expérience le leur apprendra, qu'en république, comme dans toute autre espèce de gouvernement, le bien particulier passe toujours avant le bien général; que l'égoïsme et l'intérêt privé seront toujours le véhicule le plus puissant chez les hommes politiques. Ainsi disposés par leur éducation, ils peuvent croire à un meilleur avenir; ils peuvent penser qu'une révolution amènerait un gouvernement plus national, un gouvernement plus jaloux du sentiment de sa dignité, de la dignité de notre belle patrie, et ils verraient avec enthousiasme la France reprendre son rang parmi les nations: ont-ils pu oublier, ces jeunes cœurs, de combien de malheurs a été accablée, en 1814 et 1815, notre beau pays?

Mais il faut laisser un instant tous ces souvenirs, ces sentimens d'honneur, pour ne s'occuper que des machinations de cette police, et prouver combien dans cette circonstance, comme dans toutes, elle a été coupable et perfide.

Ses agens disséminés partout surveillaient activement l'École polytechnique, et connaissaient ceux des jeunes gens qui, sans expérience et sous l'influence d'une exaltation naturelle à leur âge, se livreraient à elle avec plus d'abandon, même de confiance. Aussi agit-elle en conséquence, et la vit-on leur donner des rendez-vous, y indiquer le domicile de M. Laurent, rue des Trois-Bornes, au lieu de M. Laurent, rue des Trois-Couronnes. Cinq élèves seulement donnent dans le piége qui leur est tendu, et se trouvent au rendez-vous, et les autres, par diverses circonstances, échappent à ce malheur. Déjà la police avait envoyé deux agens, dans un cabriolet, qui arrivent au lieu indiqué vers sept heures et demie; ces agens déposent et la poudre et les balles, et abandonnent les lieux ainsi garnis aux malheureux jeunes gens que la fatalité y conduit. Ces agens ont disparu, et la police, partout ailleurs si *active*, si *intelligente*, ne les a jamais retrouvés!

Le commissaire de police arrive enfin sur les neuf heures un quart, après de nombreuses perquisitions découvre ces jeunes gens, qui ont à répondre de leur présence dans une maison dont ils ne connaissent pas le maître. Ni eux ni aucun des vingt-sept accusés n'ont jamais vu ni M. Laurent, ni moi.

Cependant nous sommes tous arrêtés, procès-verbal est dressé par le sieur Haymonet, qui, au milieu d'une orgie complète, mêle à ses dires des sarcasmes outrageans pour ceux qui l'écoutent. Envers ses chefs, souple, astucieux et menteur, le sieur Haymonet a su attirer sur lui les faveurs du Préfet de police, qui, pour le récompenser de ses services et de son zèle outré, lui a fait obtenir la croix de la Légion-d'Honneur, et a été le distributeur des bienfaits du roi aux incendiés de la Gaîté.

Arrêtés, nous sommes conduits à la Préfecture de police, sous l'escorte de quarante hommes, fusils chargés; on fait également transporter les fusils trouvés entièrement hors de service, et qui doivent figurer comme pièces de conviction.

La police fit connaître à la France le péril auquel elle venait d'échapper par la découverte de la grande conspiration de la rue des Trois-Couronnes. Voici comment elle s'exprime, le 30 juillet (trois jours après l'arrestation):

« Plusieurs journaux ont reproché au gouvernement d'avoir voulu jeter l'alarme dans la population parisienne aux approches des fêtes de juillet, et d'avoir grossi à dessein les inquiétudes qu'il pouvait ressentir.

» Ce reproche est basé sur une double fausseté; d'une part, le gouvernement comptait trop bien sur les bons sentimens de la population parisienne pour éprouver aucune inquiétude sérieuse en présence des menaces de quelques insensés; et, de l'autre, il est faux qu'il ait voulu effrayer le public par une peinture exagérée des complots qu'il avait à déjouer.

» Bien loin de là; dans les révélations qu'il a dû faire pour ne pas laisser ignorer aux hommes de bonne foi les piéges que leur tendait la faction anarchique, il a mis une prudence et une réserve extrêmes. Ainsi, on peut le dire, maintenant que tout est avorté, jamais peut-être nos modernes montagnards n'avaient plus intrigué, ne s'étaient donné plus de mal pour préparer ce qu'ils appelaient une journée décisive; jamais peut-être leur inconcevable aveuglement ne s'était cru plus près de l'exécution de leurs desseins.

» De renseignemens nombreux et ne laissant aucun doute, il résulte que si les cris *à bas les forts* avaient eu un degré d'intensité suffisant pour jeter le moindre trouble dans les rangs de la garde nationale ou de l'armée, ils auraient été le signal d'un nouveau 5 juin.

» Les diverses sections de la *Société des Droits de l'Homme* étaient consignées dans le voisinage des lieux ordinaires de leurs réunions. Des provisions d'armes et de munitions avaient été faites sur différens points, de fausses nouvelles, entre autres celle de la mort du roi, devaient se propager par toute la ville avec la rapidité de l'éclair; enfin tout était préparé de leur part pour le combat. On ne sait, en vérité, ce qui doit le plus étonner, en présence de l'enthousiasme général dont nous avons été hier les témoins, de l'audace ou de l'aveuglement des fanatiques qui espéraient entraîner la France dans une nouvelle révolution!...

» Quoi qu'il en soit, l'autorité veillait sur les conspirateurs; elle suivait pas à pas toutes leurs démarches. Quelques-uns des chefs ont été arrêtés au moment où ils se rendaient dans les conciliabules où s'élaboraient leurs complots.

» Des appels aux citoyens et à l'armée devaient être tirés à de nombreux exemplaires. La plupart ont été saisis sous presse.

» Quoique le gouvernement n'eût aucune inquiétude sur le résultat de ces menaces insensées, cependant, de sages précautions avaient été prises pour mettre les magasins et fabriques d'armes à l'abri d'un coup de main. La surveillance active, dont ces établissemens étaient l'objet, a amené une découverte fort importante, dont nous avons déjà parlé. Une des principales fabriques d'armes de la capitale était chargée d'une fourniture considérable de fusils, pour le compte du gouvernement. Ces fusils devaient être envoyés, jour par jour, au dépôt général d'artillerie, rue Neuve-de-Luxembourg, ou expédiés pour les villes de guerre auxquelles ils étaient destinés. Dans ces derniers jours, on s'aperçut d'un retard assez considérable dans les envois. Le sieur *Pérardel*, agent de cette maison, pressé d'interpellations à ce sujet, ne répondit d'abord que d'une manière fort évasive, et allégua ensuite une expédition pour Metz, dont il ne put justifier.

» Une perquisition fut ordonnée à son domicile. Elle a eu lieu hier matin. Indépendamment d'une quantité considérable de fusils, on y a trouvé de la poudre et des balles nouvellement fondues. Le moule qui avait servi à les couler était encore *tout chaud*. Le sieur *Pérardel* a été arrêté, ainsi que plusieurs personnes qui avaient passé *la nuit* chez lui, ou qui y sont arrivées pendant le cours de la perquisition. Parmi ces personnes se trouvent plusieurs meneurs bien connus du parti républicain et cinq élèves de l'École polytechnique.

» D'après d'autres avis, une perquisition avait été faite la veille chez un maître de pension de la rue de Crussol. On y a trouvé également des balles nouvellement fondues et un moule.

» Toutes ces mesures, prises avec autant d'activité que de prudence, ont jeté le trouble parmi les agitateurs, et les ont sauvés eux-mêmes de leur propre délire. Mais on ne saurait réellement se figurer à quel point le fanatisme était poussé chez quelques-uns de ces malheureux. Un d'entre eux, adressant à sa femme un dernier adieu, comme s'il fût parti pour une nouvelle barricade Saint-Méry, lui disait : « Si je succombe, comme je ne veux pas que mes deux en-
» fans vivent sous la tyrannie, tu les jetteras à l'eau sitôt
» que tu auras la certitude de ma mort. »

» Plusieurs autres avaient fait d'avance leur testament. On a trouvé, dans une perquisition, celui d'un jeune homme, nommé Chenet, qui fait partie de la société des *Droits de l'Homme*. Une des principales dispositions de cet acte de dernière volonté mérite d'être citée. *Chenet* était sur le point d'être père, et il n'avait rien trouvé de mieux à léguer à son enfant que ses *croyances républicaines*, dont il lui laissait d'ailleurs un état détaillé. »

Après avoir reproduit ici l'article du journal salarié, je vais réfuter et faire connaître la conduite de la police, qui se faisait un jeu de défigurer la vérité.

Je vais la réfuter avec le procès-verbal du commissaire de police Haymonet, dont elle avait connaissance, puisqu'il avait été rédigé par un de ses agens le 27, pendant la nuit, tandis que l'article est du 30 ; c'est ce procès-verbal qui, quoique mensonger et refait, et se trouve au dossier de la procédure, sera encore suffisant pour mettre en évidence la conduite de la police, et au néant l'article de *la France Nouvelle*, comme mensonger et provocateur.

Extrait des Procédures déposées au greffe de la Cour royale de Paris (Assises de la Seine).

« L'an mil huit cent trente-trois, le vingt-sept juillet, à huit heures du soir, nous, François-Bonaventure Haymonet, commissaire de police de la ville de Paris, quartier du Temple, officier de police judiciaire, auxiliaire de M. le procureur du roi ;

» Procédant pour l'exécution d'un mandat d'amener et de

perquisition décerné par M. le conseiller d'état Préfet de police, en date de ce jour, à l'effet de rechercher, dans le domicile des sieurs Laurent et Pérardel, fabricans d'armes, demeurant rue des Trois-Couronnes, n°. 30, et partout où besoin sera, tout écrit, papier, imprimé, correspondance, armes, munitions, et en général tous objets d'une nature suspecte et susceptible d'examen et saisie, au cas échéant, conformément à la loi.

» Nous sommes transporté, accompagné du sieur Bauderot, secrétaire attaché à notre commissariat; des sieurs Leroy, Yvonet, Renaudin, Vitel, Thouvenin, inspecteurs de police, et du sieur Deveux, porte-sonnette attaché à notre bureau, au domicile sus-désigné; où étant et parlant aux sieurs Laurent et Pérardel, que nous connaissons personnellement, après leur avoir fait connaître notre qualité et le motif de notre visite, nous leur avons donné copie du mandat susmentionné, conformément à l'article 97 du Code d'instruction criminelle.

» Nous avons invité les sieurs Laurent et Pérardel à nous procurer l'ouverture des portes de toutes les dépendances, ateliers et autres lieux faisant partie de leur établissement; à quoi ayant consenti, nous avons, en leur présence, visité et examiné avec attention tous les papiers et correspondances à l'instant dans les bureaux, secrétaires et autres meubles placés dans l'appartement situé au premier étage, occupé par M. Pérardel, lequel logement se compose de sept pièces contiguës, éclairées à tous les aspects sur la cour de l'établissement des sus-nommés.

» En résultat de nos vérifications, nous avons reconnu et constaté qu'il n'existe aucun papier ayant trait à la politique ou du moins libellé dans un sens énigmatique qui le rende susceptible d'examen.

» Continuant mon opération, toujours accompagné des sieurs Laurent et Pérardel, et assisté des employés ci-dessus, nous avons visité successivement divers ateliers, et dans le premier, situé au premier étage, éclairé sur la cour, nous avons trouvé *quelques canons de fusil en fabrication, plus environ deux cents bois de fusil ébauchés.*

» Nous sommes remontés ensuite au deuxième étage, et nous avons trouvé, dans un premier atelier, *soixante-dix-huit fusils, munis de leurs baïonnettes, en état d'achèvement et dépourvus de leurs batteries.* A côté de ces armes, nous avons également trouvé le même nombre de platines, savoir : douze trempées, polies et montées, prêtes à compléter l'ensemble des fusils; *le restant également trempé et poli, mais divisé par pièce.*

» Dans un troisième atelier, situé au même étage, nous avons également trouvé vingt-quatre fusils finis *sans batteries*, plus vingt-quatre platines assemblées, trempées et polies, *prêtes* à armer les fusils dont est question.

» Et dans les deux ateliers ci-dessus désignés, nous avons aussi trouvé quarante fusils entièrement *montés, avec baïonnettes et platines non trempées.*

» Les sieurs Laurent et Pérardel, interpellés de nous déclarer s'ils ne sont point détenteurs d'autres armes ni munitions de guerre, ont répondu négativement, et le sieur Pérardel a dit : « Je suis le représentant de MM. de Saint-Quentin, dont le domicile est établi rue Laffitte, n°. 44 : les armes en fabrication appartiennent à cette maison de commerce, adjudicataire d'une fourniture d'armes destinées aux arsenaux de l'État. »

» Interrogé pour rendre compte des armes qui auraient été fabriquées par ordre de sa maison de commerce, soit dans les ateliers de leur établissement situé rue des Trois-Couronnes, soit dans la fabrique du sieur Vivenis, située rue des Vinaigriers, n°. 29, le sieur Pérardel a répondu que les dernières armes fabriquées rue des Trois-Couronnes, formant deux caisses pour le nombre de quarante-huit fusils, plus environ cinq cents fusils complets sortis de la fabrication du sieur Vivenis, auraient été expédiés, dans le courant de la semaine dernière, par l'intermédiaire de Glot, François Robillard, commissionnaires de roulage, rue du Temple.

» Que, d'ailleurs, avis de cette expédition avait été adressé à M. le ministre de la guerre, pour satisfaire à l'instruction de son excellence relativement à la situation des travaux de la maison Saint-Quentin.

» Pendant nos opérations, sont survenus, vers une heure du soir :

» Premièrement, le sieur Chanal, élève de l'École polytechnique, qui n'a pu justifier de son identité par des papiers de sûreté, ni des motifs qui l'ont amené chez les sieurs Laurent et Pérardel, qui ont soutenu ne pas connaître cet individu, et, réciproquement, Chanal a tenu le même langage, en se renfermant dans un système de dénégations sur toutes nos interpellations.

» Deuxièmement, la dame Marie-Anne-Hyacinthe-Élisa Malherbe, femme Lemaitre, disant habiter la ville du Havre, arrivée à Paris mardi dernier, logée à Paris, rue des Fontaines, n°. 19, chez le sieur Lefebvre, propriétaire, qui l'aurait reçue en qualité d'amie.

» Ladite dame a dit n'être venue chez les sieurs Pérardel et Laurent que par suite de relations amicales avec les deux familles.

» Troisièmement, le sieur Joseph-Napoléon Sarda, cultivateur, âgé de vingt-neuf ans, né à Peziloil (Pyrénées-Orientales), domicilié à Paris, rue Chabannais, n°. 8, lequel n'a pu nous justifier de ses noms par des papiers de sûreté, et a dit s'être rendu chez le sieur Laurent pour aller au Petit-Tivoli avec une demoiselle Laurent, belle-sœur du sieur Laurent.

» Tous les dits individus, nous paraissant dans l'impossibilité de justifier des véritables motifs qui les auraient amenés dans cette maison, avaient *une apparence mystérieuse et hostile*. Nous avons ordonné qu'ils seraient retenus provisoirement en attendant l'achèvement de nos opérations, pour être ensuite traduits devant M. le Conseiller-d'État Préfet de police, pour être, par ce magistrat, statué à leur égard ce qu'il appartiendra.

» Continuant nos recherches, étant accompagné du sieur Laurent, et assisté de Vitel, inspecteur de police, et des nommés Bouchard et Antoine Azemar, grenadiers du 2e. bataillon du 35e. régiment de ligne, caserné à la Courtille, nous sommes montés au second étage de la maison où nous nous trouvons; et, après avoir fait enfoncer la porte d'une chambre, dont le sieur Laurent n'a pu nous procurer la clé, nous avons trouvé, dans ladite chambre, éclairée par une seule croisée au nord-ouest, une quantité d'environ 75 kilog. de poudre fine en paquets de quatre onces et demi livre; ladite poudre, réunie en deux paquets, et un troisième lot plus considérable dans ladite chambre, était déposé avec négligence, tant sur le lit que sur des hardes de femme, le tout paraissant avoir été apporté tout récemment dans ledit lieu.

» Nous avons également fait enfoncer la porte d'une chambre, faisant face à celle où nous nous trouvions; et étant introduits dans ladite chambre éclairée par une croisée au levant, nous avons remarqué sur les murs les mots suivans écrits au crayon: « Ici on s'honore du titre de citoyen; » et nous avens trouvé *sous la cheminée un fourneau rempli de charbon allumé, à côté duquel se trouvaient une multitude de rognures de balles, un grand moule de balles, portant sept cavités, trois moules de calibre neufs, paraissant avoir servi tout récemment, avec trois pinces propres à détacher les rognures de balles*.

» Nous avons aussi trouvé dans ladite chambre environ *deux mille balles de calibre, nouvellement fondues*.

» Sur la même table se trouvaient deux bouteilles ayant

contenu du vin, avec deux verres annonçant avoir servi, depuis peu de temps, aux fabricans de balles, que nous avons supposés échappés sur les toits, par la fenêtre que nous avons trouvée ouverte en entrant dans ladite chambre, dans laquelle nous avons aussi trouvé environ 15 kilog. de lames coupées par bandes, pour en faciliter la fonte.

» Nous avons sommé le sieur Laurent et le sieur Pérardel de nous faire connaître s'ils sont les auteurs de la fonte des balles; de dire d'où leur provenaient les munitions de poudre à tirer, et enfin à quel usage ils destinaient les munitions de guerre ci-dessus désignées.

» Lesdits prévenus ont répondu qu'ils ignoraient d'où ces objets pouvaient provenir, persistant, à cet égard, dans un système de dénégation.

» Nonobstant les protestations des sieurs Laurent et Pérardel, nous leur avons déclaré la saisie des munitions de guerre, ci-dessus mentionnées, comme pièces à conviction, à l'appui du crime de complot envers la personne du roi et de son gouvernement, dont ils sont prévenus.

» Nous avons également déclaré le séquestre de toutes les parties d'armes applicables au montage, suivant les nombres constatés plus haut.

» Et, attendu la gravité des circonstances, et l'impossibilité de procéder plus régulièrement, nous avons ordonné que lesdites armes et munitions seront transportées immédiatement au dépôt de la préfecture de police, pour servir de pièces de renseignemens ou à conviction.

» A onze heures et demie du soir, pendant nos recherches, s'est présenté, dans l'intérieur de l'établissement du sieur Laurent, un jeune homme, qui a dit se nommer Rouet (Lucien), âgé de vingt-deux ans, né à Dorme (Nièvre), élève de l'École polytechnique, lequel n'a pas rendu bon compte des motifs qui l'auraient amené chez lesdits sieurs Laurent et Pérardel.

» Nous avons considéré ledit individu comme suspect et agissant en cas de flagrant délit; nous avons fait fouiller les vêtemens dudit Rouet, et, par suite de notre perquisition, nous avons trouvé :

» Premièrement, un écrit paraissant un ordre du jour sur l'organisation des bataillons de la république, commençant par ces mots : « Service des bataillons, » et finissant par ceux : « Service des bataillons ; »

» Deuxièmement, une lettre commençant par ces mots : « Je réponds à ta lettre, signée : Tibaut de Rouet ; »

» Troisièmement, une lettre commençant par ces mots : « M. Ronald est invité ; »

» Quatrièmement, une lettre commençant par ces mots : « Desjeul ne m'a point trompé ; »

» Cinquièmement, une lettre commençant par ces mots : « Je vous prie de dire à MM. André. »

» Nous avons déclaré lesdites pièces saisies, séquestrées, comme pièces de renseignement, et susceptibles d'examen ; nous les avons visées *ne varietur*, et cotées des numéros 1 au numéro 5 inclus, pour être le tout joint au présent, réuni au moyen d'une ficelle cachetée et scellée de notre sceau.

» Nous avons ordonné la continuation des perquisitions autorisées par notre mandat et par les circonstances ci-dessus constatées. Par suite de nos recherches, les sieurs Vitel, Jacquemon et Larcy, ont découvert, dans un réduit, fermé par les lambris d'un grenier, situé au troisième étage, quatre individus, dont trois portant l'uniforme de l'École polytechnique, armés de leurs épées.

» Nous les avons successivement et séparément interrogés, et le premier a dit se nommer Edmond de Grassier, âgé de dix-neuf ans, né à Corbay, département de la Somme, élève de l'École polytechnique.

» Nous avons fait examiner ledit Grassier, et en résultat de notre perquisition, nous avons trouvé dans ses poches :

» Premièrement, une lettre commençant par ces mots : « Plus de lettres depuis ton départ, » avec une carte portant le nom de Cressière, et au verso ces mots : « Laurent, rue des Trois-Couronnes, n°. 30. »

» Nous avons coté ces deux pièces n°s. 1 et 2; nous les avons visées *ne varietur*, réunies au moyen d'une ficelle, cachetées et scellées de notre sceau.

» Le deuxième, Louis Latrade, âgé de vingt-deux ans, né à Laudebeuf (Dordogne), élève de l'École polytechnique, y demeurant. Nous n'avons trouvé sur cet individu qu'une carte portant l'adresse : « Tourme, chez le sieur Levaillant, à Boulaine, à Merie. » Nous avons joint ladite carte au présent.

» Le troisième, Joseph Dubois de Frasney, âgé de vingt-un ans, né à Saint-Servan (Ille-et-Vilaine), élève de l'École polytechnique. Le résultat de la perquisition faite sur lui a été négatif.

» Le quatrième, Ernest Caylus, âgé de vingt ans, né à Paris, élève de l'École polytechnique. Nous n'avons trouvé dans les vêtemens dudit individu aucune pièce susceptible d'examen.

» Antérieurement à nos opérations, nous avons visité avec attention l'atelier au rez-de-chaussée, dans lequel nous avons trouvé le sieur Laurent au moment de notre entrée dans son domicile, et en cet instant nous avons remarqué qu'il était occupé à arrondir, à l'aide d'une plane, des chevilles de bois affilées à leur extrémité du diamètre d'environ quatre à cinq lignes, et de l'autre côté de la grosseur d'environ quatre lignes.

» Considérant que ces objets peuvent être considérés comme des mandrins propres à la fabrication des cartouches, et que le sieur Laurent en serait l'auteur, nous avons séquestré lesdits mandrins au nombre de sept; nous les avons réunis au moyen d'une ficelle à laquelle nous avons attaché une étiquette indicative, cachetée et scellée de notre sceau.

» Attendu qu'il résulte des faits ci-dessus, que les sieurs Jean-Baptiste Laurent, Augustin-Louis-Pierre Pérardel, Edmond Grassier, Napoléon Sarda, Louis Latrade, Ernest Caylus, Lucien Rouet, Joseph Dubois de Fresney, et enfin la dame Lemaître, sont inculpés et soupçonnés d'avoir participé directement ou indirectement à des manœuvres tendantes au renversement du gouvernement;

» Nous, commissaire de police soussigné, disons que les inculpés dénommés ci-dessus seront conduits immédiatement au dépôt de la préfecture de police en état de mandat d'amener, qu'ils seront traduits devant M. le Conseiller d'État Préfet de police, pour être, par ce magistrat, ordonné ce que de droit.

» Considérant que la nommée Legendre Langlois est tombée dans un état de maladie qui ne lui permet pas de quitter son appartement, nous avons cru devoir surseoir à son arrestation, et les sieurs Pérardel et Laurent ont remis à cette dame la garde et surveillance de leur maison, en attendant qu'il en soit ordonné autrement.

» De tout quoi nous avons rédigé le présent procès-verbal, auquel sera joint l'original du mandat sus relaté, ainsi que les scellés et pièces comme il est dit ci-dessus.

» Fait à Paris, et clos le 28 juillet à trois heures du matin, et avons signé avant les sieurs *Bauderot, Jacquemon*, *Antoine Larcy*, *Azemar*, *Vitel* et *Thouvenin*, tous présens à nos opérations, après lecture faite. Quant aux sieurs Pérardel et Laurent, et tous les autres inculpés, ils ont refusé de signer notre présent procès-verbal d'après la loi.

» Ainsi signé, en la minute du présent procès-verbal : HAYMONET, BAUDEROT, JACQUEMON, LARCY, VITEL, et THOUVENIN. L'an 1833, le 28 juillet. »

Après une semblable lecture, que penser de la rédaction de l'article de *la France Nouvelle*, de la conduite des agens du pouvoir! Quoi! le sieur Haymonet a reçu le matin à dix heures l'ordre de faire une perquisition, et il la retarde jusqu'au soir à neuf heures un quart. Dans quel but? il lui a fallu onze heures pour réunir ses agens: n'est-il pas facile d'apprécier les motifs d'un pareil délai? ne fallait-il pas donner aux agens provocateurs le temps de tout préparer, pour que leurs projets pussent être concertés. L'on n'a rien reconnu chez moi, après la visite la plus scrupuleuse (dire du procès-verbal), et cependant je suis arrêté et je deviens le chef d'une grande conspiration!!!

Cette visite n'a pas eu lieu ainsi que le rapporte le procès-verbal refait, elle n'a eu lieu que lorsque le sieur Haymonet, voyant ma résistance et l'indignation que me faisait éprouver la violation de mon domicile, se décida à saisir la poudre et les balles qu'il savait déposées dans la maison Laurent, par des agens qui étaient déjà en sûreté. Dès cet instant, voyant combien ma position était grave, et loin de continuer à m'opposer aux recherches du sieur Haymonet, je n'hésitai plus à les faciliter en brisant moi-même les serrures des portes des magasins de MM. Saint-Quentin et Compagnie, et je l'introduisis partout. Il n'est point étonnant que des fusils aient été trouvés dans les ateliers puisque j'en fabriquais ; mais aucun n'était en état de servir, et, comme l'a prouvé l'instruction, il fallait au moins trois ou quatre heures pour en monter un.

Voyons maintenant comment cette poudre et ces balles ont été introduites dans la maison que j'habitais, et disposées dans une chambre inoccupée, située à un étage supérieur, où elles ont été trouvées : vers sept heures et demie, c'était un jour de fête, j'étais absent (ce n'est que d'après les débats que je parle), un cabriolet, désigné sous le numéro 928, entre dans la cour, décharge quelques petites caisses, attend quelques minutes les deux hommes qui étaient venus et disparaît avec eux. Le cocher de ce cabriolet, dont le numéro avait été remarqué, a été retrouvé, mais les personnes qu'il avait conduites ne l'ont pas été. Comment cela peut-il être ? Le commissaire de police, qui était prévenu depuis le matin, avait certainement mis des agens en surveillance qui, s'il n'y avait point eu de connivence, n'auraient pas manqué de suivre ceux dont les démarches devaient leur paraître suspectes. Les déclarations du cocher viennent à l'appui de mon opinion : les auteurs et les acteurs disparaissent dès qu'une des victimes que la police convoite est prise dans ses filets. Comment expliquer autrement sa conduite ?

Écoutons maintenant les réponses des cinq élèves

arrêtés, et qui sont consignées dans le dossier de la procédure.

Ces jeunes gens déclarent tous qu'individuellement, ils ont été amenés là dans l'espérance d'une réunion d'amis, et sur ce qu'on leur avait dit, il est vrai, qu'ils trouveraient des balles et de la poudre. Des amis qui leur eussent tenu ce langage, et donné ces renseignemens, eussent, sans aucun doute, mis plus de soins à leur donner une adresse exacte, tandis que les agens provocateurs ont confondu M. Laurent, rue des Trois-Bornes, avec M. Laurent, rue des Trois-Couronnes; aussi ces malheureux viennent-ils s'adresser au domicile du premier avant de trouver le lieu du rendez-vous indiqué par la police; par suite des avis donnés à ces jeunes gens, les premiers arrivèrent à deux heures et demie (voir la déclaration de la femme Bernard, portière du sieur Laurent, de la rue des Trois-Bornes), et les derniers n'arrivèrent qu'à sept heures et demie; et la police, qui avait reçu les ordres depuis le matin, ne les exécute que le soir à neuf heures un quart : il est facile de reconnaître les motifs d'un semblable retard.

C'est avec le dossier de la procédure et les déclarations des témoins que je vais tout prouver. Voyons la déclaration du sieur Laurent, de la rue des Trois-Bornes.

« Samedi dernier, étant réuni pour dîner avec » ma famille, s'est présenté devant moi, un grand

» jeune homme vêtu en bourgeois, qui, après les » salutations d'usage, m'a annoncé qu'il venait » attendre ses camarades dans ma maison. Surpris » de cette étrange visite d'une personne qui me » déclarait, d'une manière aisée, qu'elle se ser- » vait de mon domicile pour y recevoir ses cama- » rades, je pensai qu'il faisait erreur, et la femme » Bernard, portière de la maison, envoya le jeune » homme chez M. Laurent, mécanicien, rue des » Trois-Couronnes. M. Laurent ajoute qu'il ne » reconnaît pas les jeunes élèves qui lui sont pré- » sentés, comme ceux qui sont venus chez lui. »

Cette conspiration, si maladroitement ourdie par la police, n'avait pas d'homogénéité; aucun des accusés, à l'exception des cinq élèves de l'École polytechnique, ne s'étaient jamais ni vus ni connus.

Voici la déclaration du cocher du cabriolet numéro 928.

« Je n'ai point vu d'élèves de l'École polytech- » nique, et l'on n'a pas chargé mon cabriolet de » balles, sortant de la maison n°. 30; seulement » j'y ai conduit deux messieurs qui m'ont pris à la » station de la Chaussée-d'Antin, numéro 12: » il était à-peu-près sept heures du soir; ils sont » restés dix minutes, ou un quart d'heure envi- » ron; ils sont remontés dans mon cabriolet, et » m'ont laissé sur le boulevart des Italiens. On lui

» confronte Pérardel et Sarda, il ne les a jamais
» vus. »

Suivant toujours la procédure, pages 32, 34, 131, 137, du dossier, voici la déclaration faite devant le juge de l'instruction, par Louis-Parfait Bailly, peintre, employé par M. Lallemand, agent d'affaires, rue Jean-Jacques Rousseau, n°. 15 :

« Je persiste dans ma déclaration au commis-
» saire de police, en date du 29 juillet, et que je
» vous répète, *c'est le sieur Lallemand qui m'a*
» *conduit chez le commissaire de police*, et qui
» ne m'en a prévenu que quand j'ai été à la porte.
» Nous avons eu l'idée que les deux caisses appor-
» tées, à quatre ou cinq heures, contenaient de la
» poudre et des balles ; elles étaient portées par
» trois hommes bien mis. »

Déposition du sieur Lallemand, homme d'affaires (page 164 du dossier) :

« Le 27 juillet dernier, me trouvant dans la
» maison rue des Trois-Couronnes, n°. 32, j'étais
» dans le jardin lorsque j'entendis frapper à la
» porte extérieure du sieur Laurent, qui a une
» ouverture sur le passage commun ; j'ouvris, et
» je vis trois personnes parmi lesquelles un élève
» de l'École polytechnique, qui me demandè-
» rent M. Laurent, dont je leur indiquai la de-
» meure ; je sortis et je vis dans la rue un cabriolet
» de régie ; j'allai causer avec M. Desfontaines, mon
» voisin, et nous nous communiquâmes nos inquié-

» tudes sur ce qui se passait. En ce moment on fit » entrer le cabriolet dans l'intérieur de la cour, » ce qui n'arrive jamais. Quelques instans après » une des femmes de la maison du sieur Laurent » vint et examina avec curiosité si on n'observait » pas au dehors : je n'ai pu distinguer quelle était » cette femme ; dix minutes après, le cabriolet » sortit, le cocher était derrière en laquais, et il y » avait du monde dedans ; *comme la nuit com-* » *mençait à s'obscurcir je n'ai pu distinguer* » *personne.*

» *Le commissaire de police est arrivé peu de* » *temps après*, et pendant qu'il était dans la » maison, je vis encore entrer un élève de l'École » polytechnique. »

Il était donc plus de huit heures, comme le dit le procès-verbal du commissaire de police, puisqu'en juillet il fait jour à neuf heures ; et certes la déclaration du sieur Lallemand ne peut être suspecte, car il conduit lui-même pour déposer chez le commissaire de police, son ouvrier le sieur Bailly, peintre.

« Pendant que j'étais à la porte, continue » M. Lallemand, j'ai entendu Mme Godart dire » que la veille elle avait vu beaucoup d'allées et » de venues, et entre autres apporter une malle le » matin et emporter une petite caisse.

« Je suis resté jusqu'à dix heures du soir. Le » lendemain soir, le sieur Desfontaines me dit

» qu'il s'était présenté plusieurs personnes chez le
» sieur Laurent jusqu'à une heure fort avancée de
» la nuit; qu'un de ses locataires, ébéniste, était
» allé parler bas à une des femmes et qu'elle s'était
» retirée précipitamment; quinze jours environ
» avant cette époque, M. Pérardel m'avait dit : nous
» fondons des balles, sans s'expliquer davantage;
» un nommé Jogat et son fils ont long-temps tra-
» vaillé chez M. Laurent, et la femme y était
» portière.

» J'ai entendu dire qu'ils étaient au courant de
» ce qui s'était passé lors des événemens de la rue
» des Prouvaires; ils demeurent maintenant rue
» des Trois Couronnes, n° 19. »

Le procès-verbal qui a servi à la procédure a été refait : il constate plusieurs assertions fausses. Je signale comme importante celle de son ouverture, qu'il fixe à huit heures, et le 27 juillet il fait grand jour à huit heures. Le sieur Lallemand, dont on ne suspectera pas la déposition, lui, dont le zèle a été jusqu'à pousser ses ouvriers à faire leurs déclarations et à les conduire lui-même chez le commissaire de police; eh bien! M. Lallemand dit : « La nuit était déjà si avancée que je ne pus pas lire le numéro du cabriolet lorsqu'il ressortait. Le commissaire de police arriva quelque temps après, ce qui est la vérité et qui démontre que ce n'est qu'à neuf heures un quart, heure à laquelle M. Haymonet n'avait pas le droit d'entrer chez un citoyen et violer son domicile, mais seulement, comme la loi le lui prescrit, de cerner la maison et d'attendre le jour. C'est cette violation brutale de mon domicile, contre laquelle je me révoltais, qui faisait partie du premier procès-verbal et qui en a été distraite.

Le lecteur est assez instruit et a connaissance de la vérité; voyons donc comment les organes du gouvernement s'expriment, dans le journal *la France nouvelle* du 31 juillet, quatre jours après notre arrestation, ainsi que la rédaction du procès-verbal lui-même, qui dément tous les faits importans retracés dans ledit journal :

« Plusieurs journaux ont reproché au gouver-
» nement de jeter l'alarme dans la population pa-
» risienne, etc., etc., etc. »

Ces journaux étaient bien les interprètes de la vérité, encore étaient-ils bien modérés : quand on connaît toute la vérité, on est vraiment étonné de l'astuce de ces rédacteurs salariés.

« *L'autorité veillait sur les conspirateurs.* » Dites donc qu'elle les excitait ou qu'elle organisait elle-même cette conspiration. « Quelques-uns des
» chefs ont été arrêtés; des appels aux citoyens et
» à l'armée avaient été tirés à de nombreux exem-
» plaires : la plupart ont été saisis sous presse. »

Autant de mots autant de mensonges : la procédure a constaté que pas un seul n'avait été saisi; et certes un pareil article de journal était bien fait pour *répandre la terreur dans toute la population !*

Continuons :

« Une perquisition fut ordonnée au domicile du » sieur Pérardel; elle a eu lieu hier matin : indé- » pendamment d'une quantité considérable de » fusils, on y a trouvé de la poudre et des balles » nouvellement fondues. »

La perquisition fut ordonnée le 27 au matin, et non le 30, mais elle n'eut lieu que le soir à neuf heures un quart. J'ai déjà fait connaître les motifs de ce retard dans l'exécution de l'ordre du préfet de police.

« On y a trouvé, dit l'article du journal, une » grande quantité de fusils. » On y trouva 161 fusils!!! et tous hors d'état de service, entièrement démontés. Est-il étonnant que dans une fabrique aussi considérable il se soit trouvé une semblable quantité de fusils qui n'aient pas pu être achevés et expédiés, comme le prescrivaient les ordres du ministre, qui avaient été ponctuellement suivis?

Quant à la poudre et aux balles, j'ai déjà fait connaître par qui je présumais qu'elles avaient été apportées, et j'ajouterai que, d'après les ordres du préfet de police, la maison devant être surveillée très activement depuis le matin, il est fort étonnant que le commissaire de police ait laissé passer toute la journée sans faire de visite : car, pas une personne n'allait ni ne venait dans la rue des Trois-Couronnes sans être suivie. M. Haymonet savait donc tout ce qui se passait ; et si mes refus constans de lui répondre, signalés au premier procès-verbal et omis au nouveau, n'étaient venus échauffer le sieur Haymonet, je crois qu'il n'eût point osé continuer à procéder. Il l'a bien senti, en changeant son procès-verbal. La maison entière fut mise à la discrétion des agens et des soldats, que l'on fit boire, et qui bouleversèrent tout ; et à ma sortie de prison, beaucoup de papiers précieux, du linge, des habits même avaient disparu.

En butte à de basses calomnies, que mes amis et moi avions pensé ne mériter que le plus profond mépris, j'ai pu, en retraçant les faits que j'ai mentionnés plus haut, faire connaître à tous ceux qui, en lisant l'article du journal *la France nouvelle*, pouvaient me croire chef de conspiration et s'étonner de mon élargissement ; j'ai pu, dis-je, leur faire connaître ce qui avait motivé ma mise en liberté.

Comme les vingt-sept autres accusés, j'aurais pu, malgré tous mes droits, subir encore six semaines de prison et supporter l'agonie de la cour d'assises ; si un ami dont le dévoûment sublime a été remarqué par toute la magistrature, n'avait pas tout bravé pour faire arriver à la connaissance des juges toute la vérité : il a paralysé, par sa constante et chaleureuse activité, tous les moyens employés par la police pour empêcher ma justification et entraver le cours de la justice. Elle était parvenue, par de faux rapports, à influencer l'opinion de M. Legonidec, juge d'instruction, jeune homme violent et emporté, qui, chargé de l'instruction primitive, lorsque je lui fus présenté, trois jours après mon arrestation, ne voulait pas même écouter mes dires, et qui à peine savait à qui il parlait : je fus obligé de le lui rappeler ; et de M. Poinçot, jeune substitut du procureur du roi, dont la conduite à mon égard a été des plus blâmables, et qui lui a attiré des reproches mérités. Où M. Poinçot, qui ne m'avait jamais vu, avait-il pu prendre contre moi cette haine violente, que ne devrait jamais concevoir un magistrat chargé d'une instruction criminelle ; qui doit tout voir, tout apprécier avec calme et sans passion, afin de pouvoir transmettre aux magistrats appelés à juger des documens sûrs et consciencieux. Je laisse, à cet égard, M. Poinçot sonder sa conscience, et peut-être sentira-t-il toute la gravité de sa conduite à mon égard.

L'exaltation des opinions politiques est telle, que le sieur Lenoir, commissaire de police, qui ne m'a jamais vu ni connu, s'est permis, dans une occasion récente, de me calomnier aussi bassement et d'une manière si grossière, que ma plume se refuse à retracer de telles expressions : calomnier l'homme qui ne partage pas vos opinions, voilà des moyens vils et bas. — Je les laisse à leurs auteurs, et je les défie de prouver un seul des faits injurieux répandus sur moi.

Un détenu politique, pour les hommes passionnés, est un paria.

Mon ami, qui connaissait mes opinions, et qui savait que toute la procédure n'avait pu faire surgir aucune charge contre moi, s'étonnait, après avoir épuisé tous les moyens en son pouvoir, de la lenteur de la justice à rendre la liberté à un citoyen innocent et détenu pour satisfaire à des vengeances particulières. Combien de fois ne m'a-t-il pas répété, en me visitant : « Que faut-il donc employer pour faire connaître la vérité ? Quoi ! pas un fait n'est articulé contre vous, vous n'êtes pas connu par vos opinions opposées au gouvernement, votre intérêt même vous commande une autre conduite, puisque votre fortune y est attachée ; et je ne suis pas compris ! Vos amis, vos connaissances, les miennes, j'ai tout mis en mouvement, tout épuisé, et je n'obtiens rien : que faut-il donc faire ? Je m'y perds. »

Ne faites rien qui puisse blesser ma dignité d'homme, lui répétais-je : un peu plus tôt un peu plus tard la vérité se fera connaître.

J'ai voulu traîner devant les tribunaux M. Haymonet qui, en outre du procès-verbal dressé par lui comme commissaire de police, est venu dans une déclaration devant le juge d'instruction attaquer ma probité par plusieurs grossiers mensonges. Il a parlé et agi en vil calomniateur et l'on m'a refusé l'autorisation de poursuivre de semblables calomnies. Le voilà sur la sellette. Je le lui avais promis.

Le résumé de cette énorme et dispendieuse procédure a été de prouver qu'il n'y avait pas eu de conspiration, que pas un des accusés ne se connaissait et n'avait agi simultanément, qu'il ne connaissait pas même le lieu du rendez-vous, foyer d'une conspiration dont il n'existait pas de chef.

Le gouvernement enfin a fait voir à la France entière quelle confiance méritaient ses organes.

J'en appelle à mes compatriotes. Quelle vengeance doit donc rechercher l'homme qui, comme moi, s'est trouvé si cruellement outragé dans son honneur, dans sa fortune, dans sa position sociale ?

Peut-il rester calme et indifférent devant d'aussi cruels ennemis. Oh! non. Aussi, descendez du pouvoir passager que vous déshonorez, vous trouverez attaché à vos pas l'homme que vous avez outragé; il vous demandera satisfaction des maux que votre bon plaisir lui a fait endurer.

Si chaque citoyen, à défaut des lois qui toujours protègent les agens du pouvoir, vengeait les injures personnelles sur leurs auteurs, l'on respecterait bientôt l'homme et l'on se rappellerait qu'il est homme aussi, et qu'il ne doit pas être privé légèrement de sa liberté.

Enfin la Cour royale, chambre des mises en accusation, devait prononcer, et Me. Bousquet, avocat à la Cour royale de Paris, mon conseil, rédigea, sous le titre d'observations, un précis remarquable par sa concision et sa clarté : j'en donne ici copie.

OBSERVATIONS

POUR

M. PÉRARDEL.

M. Pérardel est accusé de participation à un complot ayant pour but de détruire ou de changer le gouvernement.

Sur quels faits s'appuie une semblable accusation? quelles sont les preuves de cette participation, de cette complicité?

Voilà ce qu'il importe d'examiner.

Tout est grave dans une question de complot; et nous n'ignorons pas qu'à défaut de preuves directes et matérielles, l'on peut argumenter des antécédens de l'accusé, des circonstances qui ont précédé ou suivi, des rapprochemens de temps et de lieu, qui sont autant d'adminicules assez puissans pour inspirer des soupçons à la justice, mais jamais pour déterminer la conviction de magistrats consciencieux ou d'un jury éclairé. Dans le procès actuel, le simple exposé des faits suffira, nous n'en doutons point, pour écarter jusqu'au soupçon, en démontrant l'impossibilité d'une participation quelconque au complot dont s'agit.

Il n'y a rien d'équivoque dans la conduite de M. Pérardel, rien qui, de près ou de loin, donne prise à l'accusation, et fasse naître contre lui de justes défiances.

Les investigations les plus scrupuleuses, les plus sévères, n'ont pu faire jaillir le moindre indice défavorable à cet accusé, tant sous le rapport privé que sous le rapport politique.

Le seul reproche qu'on lui adresse, la seule preuve de complicité qu'on lui impute, c'est qu'il possède un logement dans la maison où l'on a trouvé, le 27 juillet dernier, de la poudre, des moules à balles, et arrêté cinq élèves de l'École polytechnique.

Ainsi voilà le locataire responsable des faits qui ont lieu dans la maison qu'il habite, complice des complots qui s'y trament, et passible, en cette qualité, de la peine des conspirateurs.

Ce serait sans doute une doctrine fort étrange que celle qui tendrait à élargir, d'une manière aussi arbitraire, le cercle de la complicité, et à donner une extension, aussi révoltante que bizarre, aux questions de participation.

Voilà cependant le procès, en ce qui touche M. Pérardel.

Examinons les faits, faisons connaître les lieux; il n'est pas besoin d'autre justification.

M. Pérardel dirige, pour le compte de la maison Saint-Quentin, la manufacture d'armes, située rue des Trois-Couronnes, n°. 30.

En cette qualité, il occupe, au premier étage de cette maison, un appartement tout-à-fait séparé des ateliers, tout-à-fait indépendant des autres appartemens, avec lesquels il n'y a que l'escalier de commun.

Le rez-de-chaussée est habité par M. Laurent, propriétaire de tout le bâtiment, et le second étage, composé de plusieurs pièces fort étroites, et la plupart sans meubles, est occupé par la belle-mère de M. Laurent, qui n'y possède qu'une seule de ces pièces sur le devant.

C'est dans un de ces cabinets, que, d'après le procès-verbal du commissaire de police, les balles, la poudre, etc., auraient été trouvées; c'est dans le grenier que les élèves auraient été arrêtés.

Les recherches, les perquisitions les plus minutieuses, sont faites dans l'appartement de M. Pérardel; elles ne produisent rien qui puisse être à sa charge, rien de suspect, et M. Pérardel est arrêté, et il est détenu à la Force depuis quatre mois, malgré l'évidence des preuves de son innocence.

Car il a été établi par l'instruction :

Que le 27 juillet, M. Pérardel avait passé la plus grande partie de la journée hors de son domicile;

Qu'il n'était rentré que vers les neuf heures du soir;

Qu'il n'avait donc pu faciliter l'entrée de la poudre et des élèves, dans la maison de M. Laurent;

Qu'il n'avait pas hésité à se présenter devant le commissaire, quoique, avant d'entrer, on l'eût prévenu de la mission de ce magistrat;

Qu'il avait répondu catégoriquement à toutes ses questions, avec l'attitude et le calme d'un homme qui n'a rien à se reprocher, et, par conséquent, rien à craindre;

Que les fusils saisis dans les ateliers, étaient pour le compte du ministère de la guerre, avec lequel M. Saint-Quentin avait passé un marché;

Que ces armes étant incomplètes dans leur confection, et, manquant de la pièce la plus essentielle pour qu'elles pussent servir, ne pouvaient donc être destinées à des conspirateurs, qui n'auraient pu en tirer aucun parti;

Que la condition imposée par le ministère de la guerre, de livrer les fusils au fur et à mesure de leur confection, avait toujours été scrupuleusement observée, et que, quant à ceux qui n'étaient qu'ébauchés et qu'on avait saisis, le même mode de livraison eût eu lieu, malgré la perfide insinuation d'un journal ministériel, qui s'était empressé, dans son zèle, de donner, comme élémens d'accusation, comme indices du complot, la violation de la clause du marché, lorsque cette même clause avait été rigoureusement exécutée.

Ainsi M. Pérardel écartait, par d'irrésistibles moyens de justification, les soupçons dirigés contre lui : ainsi l'instruction portait en elle-même la décharge de cet homme injustement accusé, la preuve la plus évidente de sa non-participation au prétendu complot; et, cependant, la chambre du conseil a passé outre, sans égard pour la position particulière de M. Pérardel, sans détacher de la prévention cet honorable citoyen, qui devait se trouver en dehors de tout soupçon, et contre lequel on ne pouvait argumenter d'aucun indice accusateur.

Il appartient à des magistrats, supérieurs en dignité, en talens, en lumières, de réparer cet oubli de la chambre du conseil et de rendre M. Pérardel à la liberté.

Devant eux la question de complicité disparaîtra, parce que rien dans l'instruction n'établit cette complicité, parce qu'il n'en existe aucune trace, et parce qu'enfin toutes les preuves, toutes les présomptions, sont favorables à l'accusé, et repoussent toute idée de participation à un complot, dont l'existence et la réalité sont encore un problême.

BOUSQUET,

Avocat à la Cour royale,

Conseil de M. Pérardel.

Paris, ce 10 novembre 1833.

J'avais besoin d'arriver à des magistrats indépendans, dont les talens et les lumières pussent leur faire apprécier le peu de fondemens de l'accusation qui pesait sur moi. Mon ami, dont le zèle, loin de se ralentir, ne fit que redoubler, parvint à me faire rendre une liberté dont j'étais privé depuis quatre mois, et que mes premiers juges n'avaient point osé m'accorder.

Six semaines après la France connût le résultat du verdict d'acquittement du jury, et les vingt-sept détenus ont été rendus à leur famille après avoir subi six mois de prison!!

Ce faible récit peut donner à messieurs les Députés la mesure de l'emploi des fonds secrets engloutis avec tant de profusion; ils reconnaîtront qu'ils ne servent qu'à compromettre le trône, à détruire la liberté individuelle et susciter la guerre civile.

Les feuilles publiques ont retenti de détails honteux de la conduite de la police. Combien de faits moraux restent encore ensevelis dans l'oubli !

Puisse le magistrat qui doit remplacer M. Gisquet, comprendre toute l'étendue de ses devoirs, et ne pas oublier le respect sacré que méritent l'asile et la liberté des citoyens, et avoir toujours présent que la loi des suspects, qui est en vigueur en ce moment, a été flétrie par l'histoire comme les oubliettes et les lettres de cachet.

Quel que soit le sort que m'attirera cet écrit, il aura du moins servi, je l'espère, à dévoiler d'odieuses manœuvres, et les ténébreuses machinations employées pour intimider les citoyens paisibles. Quant à présent, voilà mon but. Voilà ma seule vengeance!!!

www.ingramcontent.com/pod-product-compliance
Ingram Content Group UK Ltd.
Pitfield, Milton Keynes, MK11 3LW, UK
UKHW020216200726
13856UKWH00004B/1435

9 782011 767554